AF633686

Seneca
Vom Seelenfrieden

Seneca

Vom Seelenfrieden

Aus dem Lateinischen
von Otto Apelt

ANACONDA

Der Text folgt der Ausgabe Lucius Annaeus Seneca: *Philosophische Schriften*. Zweites Bändchen. Der Dialoge zweiter Teil. Buch VII–XII. Übersetzt, mit Einleitungen und Anmerkungen versehen von Otto Apelt. Der philosophischen Bibliothek Band 74. Leipzig: Verlag von Felix Meiner 1923. Der Dialog »Vom Seelenfrieden« (De tranquilitate animi) heißt dort »Von der Gemütsruhe«.

Der Verlag behält sich die Verwertung der urheberrechtlich geschützten Inhalte dieses Werkes für Zwecke des Text- und Data-Minings nach § 44 b UrhG ausdrücklich vor. Jegliche unbefugte Nutzung ist hiermit ausgeschlossen.

FSC www.fsc.org MIX Papier | Fördert gute Waldnutzung FSC® C083411

Penguin Random House Verlagsgruppe FSC® N001967

Die Deutsche Nationalbibliothek verzeichnet diese Publikation in der Deutschen Nationalbibliografie; detaillierte bibliografische Daten sind im Internet unter http://dnb.d-nb.de abrufbar.

© 2017, 2023 by Anaconda Verlag, einem Unternehmen der Penguin Random House Verlagsgruppe GmbH,
Neumarkter Straße 28, 81673 München
Alle Rechte vorbehalten.
Umschlagmotiv: Alphonse Osbert (1857–1939), »An Evening in Ancient Times« (1908), Musée de la Ville de Paris, Musée du Petit-Palais, Bridgeman Images
Umschlaggestaltung: www.katjaholst.de
Satz und Layout: InterMedia – Lemke e. K., Heiligenhaus
Druck und Bindung: CPI books GmbH, Leck
Printed in the EU
ISBN 978-3-7306-1018-3
www.anacondaverlag.de

An Serenus

[Brief des Serenus an Seneca]

1. [Serenus]: Bei innerer Selbstschau, mein Seneca, machten sich mir gewisse Gebrechen bemerkbar, teils sichtlich und offen daliegend, wie mit Händen zu greifen, teils verborgener und versteckter Art, und noch andere, nicht anhaltender Art, sondern stoßweise wiederkehrend, und diese, darf ich sagen, sind die allerlästigsten, gleich streifenden Feinden, die nur die Gunst des Augenblicks zu einem Anfall benutzen, sodass man weder gerüstet sein kann wie im Kriege, noch sorglos wie im Frieden. Und gerade dies ist der Zustand, auf dem ich mich überwiegend ertappe – denn warum sollte ich dir nicht als meinem Arzt die Wahrheit gestehen? – Weder unbedingt frei fühle ich mich von den Fehlern, die ich fürchtete und hasste, noch auch anderseits völlig in ihrer Gewalt. Ich befinde mich also, wenn auch nicht gerade in der schlimmsten, so doch in einer

höchst kläglichen und verdrießlichen Lage: Ich bin weder krank noch gesund. Und komme mir nicht mit dem Einwand, zu jeder Vortrefflichkeit bilde ein schwacher Ansatz den Anfang, erst die Zeit bringe dauernden und festen Halt. Ich verkenne nicht, dass auch, was auf die äußere Herrlichkeit hinarbeitet, wie z. B. auf Ehrenämter, auf den Ruhm der Beredsamkeit, sowie auf alles, was von der Zustimmung anderer abhängt, nur durch geduldiges Ausharren sich durchsetzt – nicht nur, was uns wahre Kraft schafft, sondern auch jene Künste, die, um Gefallen zu erwecken, einer gewissen Schminke bedürfen, erfordern manches Jahr, bis die Länge der Zeit der Farbe allmählich Festigkeit und Dauer verleiht –, allein ich fürchte, dass die Gewohnheit, diese Begründerin einer gewissen Beständigkeit im Verlauf der Dinge, diesen Fehler sich bei mir noch tiefer einwurzeln lässt: Langer Umgang macht uns dem Bösen wie dem Guten befreundet. Das eigentliche Wesen dieser zwiespältigen, weder entschieden zum Rechten noch zum Verkehrten sich neigenden Gemütsschwäche kann ich dir nicht mit *einem* Schlagwort klarmachen, sondern nur durch eine Reihe von Einzelheiten; ich will dir *meine* Zustände schildern; du magst den Namen für die Krankheit finden.

Ich bin großer Freund der Sparsamkeit, ich gesteh' es. Mein Lager soll nicht durch prunkhafte Ausstattung Neid erregen, ich mag nichts wissen von einem Gewand, das man aus einem schmucken Kasten hervorholt und dem man durch aufgelegte Gewichte und tausenderlei Druckmittel einen erzwungenen Glanz gegeben hat; nein ich lobe mir ein einfaches Hauskleid, das weder zum Aufbewahren noch zum Anlegen besondere Sorge erfordert. Meine Mahlzeit soll keiner Dienerschaft bedürfen, weder zur Zubereitung noch zum Aufwarten und Zuschauen; sie soll nicht schon viele Tage vorher bestellt und vieler geschäftiger Hände Werk sein, sondern wohlfeil und leicht beschaffbar, nicht ans fernen Bezugsquellen mit vielen Kosten bereitet, sondern überall erhältlich, weder dem Vermögen noch dem Körper schädlich, nicht von der Art, dass sie den Eingangsweg auch zum Ausgangsweg hat.

Zum Diener wünsche ich mir einen schlichten Naturburschen, zudem wuchtiges Silbergeschirr, wie es mein das Landleben liebender Vater hatte, ohne aufgeprägten Künstlernamen, einen Tisch, der nicht durch reiche Maserung die Augen auf sich zieht und durch häufigen Besitzwechsel unter Prachtliebhabern stadtbekannt ist, sondern dem schlichten

Gebrauche dienend, ohne eines Gastes besonderes Wohlgefallen zu erwecken oder seinen Neid zu erregen.

Doch so sehr ich mich dadurch befriedigt fühle, so werde ich doch an mir selbst wieder irre, wenn ich den Blick werfe auf die stattlichen Einrichtungen mancher großen Herren zur Ausbildung von Sklavenknaben, auf die tadellose Kleidung der Dienerschaft mit den Goldstickereien, prächtiger als bei Prozessionen, und auf die Schar strahlender Sklaven, ferner auf ein Haus, dessen Fußboden schon eine Kostbarkeit ist, das in allen Winkeln von Reichtum strotzt, ja dessen Dach sogar durch seinen Glanz die Blicke auf sich lenkt; dazu der Volkshaufe, der das durch die verschwenderische Pracht dem Ruin geweihte Erbgut umlagert und sich zur Begleitung aufdrängt. Dazu die Bewässerungsanlagen, die mit ihrem spiegelklaren Wasser den Speisesaal umrahmen! Was bedarf es weiterer Worte darüber sowie über die Mahlzeiten selbst, die dem Glanz dieser Aufmachungen entsprechen? Wenn ich so aus einer vermoderten Häuslichkeit komme, dann hat der Glanz dieser Prachtentfaltung etwas Verführerisches für mich und umgaukelt mich von allen Seiten, dann flimmert's mir vor den Augen, und eher noch kann ich mich *innerlich* fassen als den Blick erheben. So trete ich also den Rückzug an, nicht schlechter geworden, wohl aber betrübter, und bewege mich inmitten meiner armseligen Umgebung nicht mehr so selbstbewusst; ich fühle leise Gewissensbisse, und es beschleicht mich der Zweifel, ob jenes nicht vorzuziehen sei; nichts davon macht mich zu einem anderen Menschen, aber alles dies rüttelt doch an mir.

Ich entschließe mich, den Anweisungen meiner Lehrer zu folgen und mich mitten in den Strudel der Staatsgeschäfte zu stürzen. Dazu verleitet mich nicht etwa das Verlangen nach Ehrenstellen, nach dem Konsulat, nach Purpur oder Rutenbündeln, sondern der Wunsch, meinen Freunden, meinen Verwandten und allen meinen Mitbürgern, ja der ganzen Menschheit mich dienlicher und nützlicher zu machen. Festen Entschlusses und besonnen folge ich dem Zeno, dem Kleanthes, dem Chrysippus, von denen indes doch keiner selbst sich auf Staatsgeschäfte einließ, obschon jeder von ihnen dazu mahnte. Hat irgendetwas mein Gemüt, das keine starken Stöße verträgt, erschüttert, begegnet mir, wie das im Leben so häufig der Fall ist, irgendetwas, was mir wider den Mann geht, oder will eine Sache nicht recht von der Stelle rücken, oder fordern irgendwelche

Lappalien einen unverhältnismäßigen Zeitaufwand, dann wende ich mich der Muße zu, und dabei geht es mir wie den Tieren, selbst wenn sie ermüdet sind: Der Schritt nach der Heimstätte ist schneller; ich schließe mich behaglich in meine vier Wände ein: »Niemand soll mir fortab einen Tag rauben, denn er kann mir nichts geben, was an Wert dem entspräche: Der Geist vertiefe sich ganz in sich selbst, widme sich ganz dem eigenen Dienste, treibe nichts, was sich nicht auf ihn bezieht, nichts, was vor den Richter gehört; alles Verlangen sei nur auf die Ruhe gerichtet, die von Sorgen für Staat oder einzelne Bürger nichts weiß.«

Aber wenn dann wieder eine kräftigere Lektüre den Mut aufgerichtet und leuchtende Beispiele anstachelnd gewirkt haben, dann regt sich wieder der Trieb nach dem Forum: Dem einen möchte ich meine Stimme leihen, dem anderen meine Dienste, um, wenn es auch nichts nützt, doch wenigstens den Versuch zu machen, ihm zu nützen; auch den Übermut mancher im Glück sich Überhebenden möchte ich dort vor aller Öffentlichkeit demütigen.

Was die Studien anlangt, so meine ich, es sei wahrlich besser, die Dinge selbst scharf ins Auge zu fassen und um ihrer willen zu reden, die Worte aber aus der Sache hervorwachsen zu lassen, dergestalt, dass der frei gestaltete Vortrag den Anforderungen der Sache folgt. »Wozu bedarf es denn schriftlich ausgearbeiteter Reden? Was hat es denn auf sich mit deinem Streben, die Nachwelt nicht über dich schweigen zu lassen! Zum Sterben bist du geboren, ein stilles Leichenbegängnis erfordert weniger Umständlichkeiten. Daher bringe, um Zeit zu gewinnen, zum eigenen Nutzen, nicht zum tönenden Nachruhm, in einfacher Schreibart etwas zu Papier; wer für das Erfordernis des Tages schreibt, der erspart sich unnötige Mühe.«

Hat sich dann aber der Geist durch erhebende Gedanken wieder aufgerichtet, dann ist er ehrgeizig auf die Fassung der Worte bedacht, und seinem höheren Fluge entspricht auch das Verlangen nach eindrucksvollem Ausdruck und nach einer der Würde der Sache angemessenen Darstellung. Dann setze ich mich über Vorschrift und beschränkende Regel hinweg, überlasse mich einem höheren Schwung und rede gleichsam eine höhere Sprache.

Ich will nicht weiter ins Einzelne eingehen. Diese Unbeständigkeit einer an sich guten Sinnesweise werde ich in keiner Lebenslage los; ja ich fürchte, dass ich allmählich ganz vom Wege abkomme, oder, was noch besorgniserregender ist, dass ich einem Schwebenden gleiche, der herabfallen muss, oder dass es vielleicht noch schlimmer steht als es meinem Blicke erkennbar ist. Denn was uns selbst betrifft, das sehen wir immer mit parteiischem Auge an, und Voreingenommenheit schadet immer dem Urteil. Ich glaube, viele hätten zur Weisheit gelangen können, wenn sie nicht geglaubt hätten, sie hätten sie schon erreicht, und wenn sie sich nicht manche Fehler selbst verhehlt hätten, manche auch mit offenen Augen übersehen hätten. Denn man glaube ja nicht, es sei mehr fremde Schmeichelei als unsere eigene, die uns zugrunde richte. Wer wagt es, sich selbst die Wahrheit zu sagen? Wer hätte nicht mitten im umgebenden Gedränge von Lobhudlern und Schmeichlern sich selbst doch am meisten geschmeichelt? Ich bitte dich also: Wenn du ein Mittel hast, diesen meinen schwankenden Zustand zum Stillstand zu bringen, so halte mich für wert, dir meine Ruhe verdanken zu dürfen. Ich weiß: Diese meine Gemütsschwankungen sind nicht gefährlicher Art und arten nicht ins Stürmische aus. Soll ich durch ein der Sachlage wirklich entsprechendes Bild das, worüber ich klage, dir zum Ausdruck bringen: Es ist nicht ein Sturm, der mich schüttelt, sondern die Seekrankheit. Wie es auch immer damit stehen mag, befreie mich von dem Übel und leiste mir Hilfe, der ich, das Land vor Augen, Not leide.

2. [Seneca]: Glaube mir, mein Serenus, lange schon suche ich selbst im Stillen mir die Frage zu beantworten, womit ich einen Gemütszustand wie den deinigen etwa vergleichen könnte, und ich finde kein passenderes Seitenstück dazu, als den Zustand derer, die nach überstandener langer und schwerer Krankheit ab und zu von kleinen Störungen und leichten Anfällen heimgesucht werden und, selbst wenn sie auch die Rückstände der eigentlichen Krankheit bereits überwunden haben, sich doch noch von Argwohn beunruhigt fühlen und, schon genesen, sich doch noch von den Ärzten den Puls fühlen lassen und in jeder Steigerung ihrer Körperwärme Anlass zu allerhand Quengeleien finden. Bei ihnen, mein Serenus, steht es nicht etwa so, dass der Körper nicht völlig gesund wäre, nein! Er hat sich nur noch nicht hinreichend an die Gesundheit gewöhnt: So zeigt auch das ruhige Meer noch eine gewisse zitternde Bewegung, wenn der Sturm sich gelegt hat. Es bedarf also bei dir nicht jener kräftigeren Mittel, über die wir bereits hinaus sind; du brauchst nicht dir selbst schroff ent-

gegenzutreten, brauchst nicht in Zorn gegen dich auszubrechen, brauchst nicht die derbsten, die strengsten Seiten hervorzukehren, sondern musst, was allerdings erst zuletzt kommt, dir selbst vertrauen und glauben, dass du auf dem rechten Wege seiest, unbeirrt durch die nach allen möglichen Seiten hinweisenden Spuren zahlreicher anderer, darunter auch solcher, die überhaupt wie blind umhertappen. Das, wonach du sehnlichstes Verlangen trägst, ist aber etwas Großes, Erhabenes, nahezu Göttliches, nämlich Unerschütterlichkeit. Diese Bestandesfestigkeit der Seele nennen die Griechen Euthymia (Wohlgemutheit), über die es eine vortreffliche Schrift des Demokrit gibt. Ich nenne sie Gemütsruhe, denn es ist nicht nötig, die Worte formgetreu nachzuahmen und zu übertragen; die Sache selbst, um die es sich handelt, muss mit einem passenden Ausdruck bezeichnet werden, der die griechische Benennung der Bedeutung nach wiedergibt, nicht der äußeren Form nach.

Unsere Frage geht also dahin, wie man der Seele zu einem gleichmäßigen und heilsamen Gange verhelfen kann, dergestalt, dass sie in bestem Einvernehmen mit sich stehe und ihre Freude an sich selbst habe und diese Freude nicht unterbreche, sondern immer im Zustand friedlicher Ruhe verharre, sich weder überhebend noch sich herabwürdigend: Das wird das Wesen der Gemütsruhe ausmachen. Wie man dazu gelangen könne, will ich im Allgemeinen untersuchen: Du wirst dir aus dieser allgemeinen Anweisung herausnehmen, was du für dich gut findest. Doch muss das Übel im Ganzen ans Licht gezogen werden; jeder kann sich dann seinen Teil daraus entnehmen. Zugleich wirst du daraus ersehen, wie viel geringere Not du mit deiner Selbstquälerei hast als die, welche gefesselt durch den Glanz einer hohen Stellung und belästigt durch die Verpflichtungen eines hohen Titels, mehr durch ein gewisses schamhaftes Ehrgefühl als durch wirkliche Neigung in ihrer Gleisnerei festgehalten werden.

Alle sind sie in der nämlichen Lage, sowohl die vom Leichtsinn Besessenen wie die vom Überdruss und von beständiger Veränderungssucht Geplagten, denen immer das besser gefällt, was sie aufgegeben haben, nicht minder die Faulenzer und Tagediebe. Ihnen reihen sich noch die an, die, wie die schwer Einschlafenden, sich hin- und herwälzen und sich bald auf die eine, bald auf die andere Seite werfen, bis sie endlich vor Müdigkeit Ruhe finden; der beständige Wechsel ihrer Lebensweise führt dann dahin, dass sie endlich bei derjenigen stehen bleiben, bei der nicht etwa der Widerwille gegen Veränderung, sondern das Alter sie festhält, das nicht mehr die Regsamkeit zu Neuerungen hat; dazu gesellen sich noch die, deren geringe Beweglichkeit nicht etwa auf Charakterfestigkeit zurückzuführen ist, sondern auf Schlendrian: Sie leben nicht eigentlich, wie sie wollen, sondern wie sie einmal angefangen haben. Daneben gibt es noch unzählige Spielarten; aber die Wirkung des Fehlers kommt auf dasselbe hinaus, auf das Missfallen an sich selbst. Dies Missvergnügen hat seinen Grund in der Ungebärdigkeit des Seelenzustandes und in den begehrlichen Trieben, die entweder nicht entschieden genug oder erfolglos sind: Es fehlt entweder an dem der Höhe der Wünsche entsprechenden Wagemut oder an der Gunst des Schicksals zur Erreichung derselben; man stellt seine Rechnung immer ganz und gar auf die Zukunft – eine ewige Unrast, ein beständiges Schwanken, wie es unausbleiblich ist in solchen Schwebezuständen! Immer sind es nur die eigenen Wünsche, wodurch diese Leute sich bestimmen lassen; ja, das Unehrbare und schwer zu Erreichende wird für sie ein Gegenstand der Selbstbelehrung und des Zwanges; und erweist sich alle Mühe als erfolglos, so quält sie das Unwürdige ihrer vergeblichen Anstrengungen, und es schmerzt sie, nicht etwa, dass sie Verwerfliches, sondern dass sie es vergebens gewollt haben. Da werden sie denn von Reue gepackt über ihr Beginnen und von Angst vor einem neuen Anfang, und es stellt sich jener schwankende Gemütszustand ein, der keinen Ausweg findet, weil sie ihre Begierden weder zu beherrschen noch ihnen nachzugeben vermögen; daher denn auch die Hemmung des einer festen Entscheidung unfähigen Lebens und das Einrosten der inmitten vereitelter Wünsche erstarrenden Geisteskraft.

Das alles wird noch drückender, wenn sie aus Hass gegen das ihnen zu so großem Unheil ausschlagende Geschäftsleben ihre Zuflucht zur Muße nehmen, zu weltfremden Studien, die sich nicht vertragen mit einer von vornherein auf staatsmännische Tätigkeit angelegten Sinnesart, der es aufs Handeln ankommt und der die Unruhe natürliches Bedürfnis ist; hat sie doch in sich zu wenig, was ihr Trost gewähren könnte. Werden einem so Gearteten die erfrischenden Anregungen entzogen, die das Geschäftsleben mit all seinem bunten Hin und Her ihm gewährt, so kann er sich mit dem Haus, mit der Einsamkeit, mit seinen vier Wänden nicht zufriedengeben: es macht ihm Unbehagen, sich sich selbst überlassen zu sehen.

Daher denn jener Widerwille, jenes Missfallen an sich selbst, jenes Hin- und Herschwanken des nirgends einen festen Halt findenden Gemütes; daher jenes trübselige und krankhafte Sichhinschleppen in der Muße; schämt er sich vollends, die Ursachen seines Unbehagens einzugestehen, treibt ihn also die sittliche Scheu, die Qualen sich ganz nur in seinem Inneren abspielen zu lassen, dann erwürgen sich die so in die Enge getriebenen Leidenschaften, vergebens nach einem Ausweg suchend, einander selbst. Daher die Trübseligkeit, die Mattigkeit, das tausendfältige Hin- und Herschwanken der ihrer Selbstgewissheit völlig verlustig gegangenen Seele, die, wenn sich Hoffnungen auftun, gleich oben hinaus will, sind sie fehlgeschlagen, dann in Verzagtheit und Trauer versinkt; daher die Stimmung, die sie dazu bringt, ihre Muße zu verwünschen und zu jammern, dass sie nichts mehr zu tun haben, daher der grimmige Neid über das Emporkommen anderer. Denn die Scheelsucht wird genährt durch den unseligen Müßiggang: Man wünscht allen den Sturz, weil man sich selbst nicht in die Höhe bringen konnte; aus diesem Widerwillen gegen die Fortschritte anderer und der Verzweiflung am eigenen Fortkommen entspringt dann der Ingrimm gegen das Schicksal, der über den Zeitgeist jammert, sich zu verstecken sucht und über seine eigene Strafe hinbrütet, in Scham und Verdruss über sich selbst. Denn von Natur ist der menschliche Geist voll Regsamkeit und Bewegungsbedürfnis. Jede Gelegenheit sich zu regen und aus sich selbst herauszutreten ist ihm willkommen, am willkommensten den durchtriebensten Geistern, die ihre Freude daran finden, sich von einem Geschäft ins andere zu stürzen. Wie gewisse Geschwüre es an sich haben, nach an sich ihnen schädlichen Betastungen zu verlangen, und es begrüßen, wenn eine Hand sie ihnen gewährt, und wie die hässliche Krätze am Körper ein wahres Entzücken empfindet, wenn man sie durch Reiben reizt, ebenso, möchte ich behaupten, sind den Geistern, an denen Leidenschaften wie böse Geschwüre ausbrechen, Mühe und Plackereien ein Genuss. Gibt es ja doch mancherlei, was auch unserem Körper Lust und Schmerz zugleich bereitet, zum Beispiel, sich im Liegen umzudrehen und sich auf die noch nicht müde Seite zu legen und wechselnd bald diese, bald jene Lage zu wählen, wie Achilles bei Homer, der sich bald auf die Brust, bald auf den Rücken legt und sich selbst die verschiedensten Lagen gibt nach Art des Kranken, der es nicht in *einer*

Lage aushält und jede Veränderung wie eine Erlösung begrüßt.

Auch Reisen unternimmt man dahin und dorthin, durchwandert auch das Küstengelände, und bald zu Wasser bald zu Lande versucht sich der dem Gegenwärtigen immer abholde Veränderungsdrang. »Jetzt ist Kampanien die Losung.« Doch nicht lange, so hat man die Überkultur satt. »Urwüchsiges Gelände lasst uns beschauen, durchwandern wir denn die Bergwaldungen Bruttiums und Lukaniens.« Doch inmitten dieser Einöden darf es auch nicht an einer erfreulichen Entschädigung fehlen, an einem Ort, wo verwöhnte Augen sich wieder erholen können von dem schaurigen Blick auf grauenhaft wilde Länderstrecken. »Auf denn, nach Tarent mit seinem gefeierten Hafen, mit seinem milden Winter, eine Gegend, die selbst für die große Masse der Bevölkerung reichlichen Ertrag lieferte.« Gar zu lange schon hat das Ohr auf das Beifallklatschen und das Jubelgetöse verzichten müssen; es regt sich wieder die Lust, auch Menschenblut (im Zirkus) fließen zu sehen: »Lasst uns also den Kurs wieder auf Rom richten.« Eine Reise folgt auf die andere, ein Schauspiel auf das andere, wie Lukrez sagt:

So sucht jeder die Flucht vor sich selbst.

Aber was hilft es, wenn er sich nicht selber entfliehen kann? Er folgt sich selbst und ist sein eigener lästigster Begleiter. Es ist also – darüber müssen wir uns klar sein, nicht des Ortes Schuld, sondern unsere eigene, unter der wir leiden: Wir ermangeln der Kraft, alles zu erdulden, weder mit Mühsal noch mit Lust, weder mit uns noch mit irgendeiner Sache können wir auf die Dauer uns abfinden. Manche hat das in den Tod getrieben, dass sie, ihren Vorsatz häufig ändernd, doch immer wieder auf das Nämliche zurückkamen und zu nichts Neuem mehr kommen konnten: Sie wurden des Lebens und der Welt überdrüssig, und es drängte sich ihnen auf die Lippe die Frage der heillosen Genussmenschen: »Ach, wie lange noch immer wieder dasselbe?«

3. Du fragst, wie man meiner Ansicht nach diesem Lebensüberdruss abhelfen könne. Das Beste wäre, wie Athenodorus sagt, wenn man sich dem tätigen Leben, den Aufgaben des Staates und den bürgerlichen Pflichten widmete. Denn wie manche in der Sonnenhitze mit Kraftübungen und Ertüchtigung des Körpers den ganzen Tag hinbringen, wie z. B. für die Athleten es weitaus das zweckmäßigste ist, fast ihre ganze Zeit auf Kräftigung ihrer Arme und ihres Kör-

pers als auf ihre ausschließliche Lebensaufgabe zu verwenden, so ist es für euch, die ihr euch die Angelegenheiten des öffentlichen Lebens zum Kampffeld für euere Geisteskraft erwählt habt, weitaus das Beste, bei dieser einzigen Aufgabe es bewenden zu lassen. Denn hat man sich einmal vorgenommen, sich seinen Mitbürgern und Mitmenschen nützlich zu erweisen, so ist es die beste Schulung und zugleich Forderung, wenn man sich mitten in den Strudel des Geschäftslebens hineinstürzt und nach Kräften dem Gemeinwesen wie dem Einzelnen dient. »Aber bei dem wahnwitzigen Ehrgeiz der Menschen, sagt man, und bei der Menge der Verleumder, die Recht in Unrecht verdrehen, entbehrt die schlichte Ehrlichkeit des nötigen Schutzes, und immer hat man mehr mit Hemmung als mit Erfolg zu rechnen; darum muss man sich vom Forum und von der Öffentlichkeit zurückziehen; aber wirkliche Geistesgröße hat auch im Privatleben Raum genug, sich zu entfalten. Steht es doch mit den Menschen nicht wie mit den Löwen und wilden Tieren, deren Ungestüm durch Käfige unschädlich gemacht wird: Ihre Wirksamkeit ist gerade in der Zurückgezogenheit am größten. Wer aber in solcher Verborgenheit lebt, der muss bei aller Abgeschiedenheit seines der Muße gewidmeten Lebens stets von dem Willen beseelt sein, den Einzelnen wie der Menschheit überhaupt durch sein Talent, sein Wort, seinen Rat zu nützen; erweist sich doch auch dem Staate nicht etwa bloß der nützlich, der Amtskandidaten dem Volke vorstellt, der Angeklagte verteidigt und über Krieg und Frieden sein Urteil abgibt, sondern auch, wer die Jugend zum Guten aufrüttelt, wer bei dem großen Mangel an tüchtigen Lehrern die Seelen der Tugend zugänglich macht, wer dem Rennen des Menschen nach Geld und Genuss sich nach Kräften entgegenstemmt und, wenn nichts anderes, es doch wenigstens aufhält – der wirkt bei aller Zurückgezogenheit doch für das öffentliche Wohl. Oder leistet etwa derjenige mehr, der als Richter zwischen Fremden und Bürgern oder als städtischer Prätor den Parteien in feierlichem Tone das Urteil verkündigt, als der, welcher Auskunft darüber gibt, was die Gerechtigkeit sei, was die Frömmigkeit, was die Geduld, was die Tapferkeit, was die Todesverachtung, was die Göttererkenntnis, eine wie hohe Stellung unter allen Gütern, die umsonst zu haben sind, ein gutes Gewissen einnehme? Wenn du also deine Zeit auf Studien verwendest, die du der Geschäftstätigkeit entziehst, so bedeutet das nicht, dass du abtrünnig geworden bist oder ein

Amt ausgeschlagen hast; leistet doch auch nicht nur der Kriegsdienste, der in Reihe und Glied steht und den rechten oder linken Flügel verteidigt, sondern auch der, welcher die Tore beschützt und einen zwar weniger gefahrvollen, aber doch nicht müßigen Posten inne hat, der des Wachtdienstes wartet und die Aufsicht über das Zeughaus führt, Dienstleistungen, die zwar kein Blut kosten, aber doch als Kriegsjahre angerechnet werden. Hältst du es mit den wissenschaftlichen Studien, dann bist du vor jedem Lebensüberdruss sicher, und du wirst dir nicht aus Überdruss am Tageslicht die Nacht herbeiwünschen; weder dir selbst wirst du zur Last, noch anderen entbehrlich sein; du wirst einen zahlreichen Freundeskreis gewinnen, dem gerade die Besten sich anzuschließen Verlangen tragen. Denn niemals bleibt Vortrefflichkeit verborgen, mag sie auch noch so wenig an die Öffentlichkeit gekommen sein; sie lässt es nicht an Erkennungszeichen fehlen: Jeder feinere Geist wird sie an ihren Spuren zu erkennen wissen. Denn wenn wir allem Verkehr entsagen und der ganzen Menschenwelt den Rücken kehren und uns um nichts kümmern als um uns selbst, so wird sich als Folge dieser Vereinsamung, die jedes ernsten Strebens bar ist, die Verlegenheit einstellen, dass man nicht weiß, womit man sich beschäftigen soll. Wir werden also darauf verfallen, hier ein Gebäude zu errichten, dort eines niederzureißen, hier das Meer durch Aufschüttungen weiter hinauszurücken, dort das Wasser trotz aller Geländeschwierigkeiten künstlich herbeizuleiten und mit der Zeit, auf deren Verwendung uns die Natur angewiesen hat, ein verwerfliches Spiel zu treiben: Die einen gehen geizig mit ihr um, die anderen verschwenderisch; die einen verwenden sie so, dass sie Rechenschaft darüber ablegen, die anderen so, dass jede Spur davon verflogen ist – die denkbar schimpflichste Verwendungsweise! Oft hat ein hochbetagter Greis keinen anderen Beweis für die Länge seines Lebens als die Summe seiner Jahre.«

4. Was mich betrifft, mein lieber Serenus, so will es mir scheinen, als hätte Athenodoros zu viel Gewicht auf die Zeitumstände gelegt und den Rückzug zu schnell angetreten. Ich will zwar nicht leugnen, dass man ab und zu den Rückzug antreten müsse, aber bedächtigen Schrittes und ohne Preisgeben der Feldzeichen, unter Wahrung der soldatischen Ehre; diejenigen haben mehr Achtung und Sicherheit seitens ihrer Feinde zu erwarten, die mit den Waffen in der Hand sich zu Verhandlungen einfinden.

Folgendes Verhalten dürfte meines Erachtens der Mannhaftigkeit und dem, der sich ihrer befleißigt, ziemen: Wenn das Schicksal die Übermacht hat und uns die Möglichkeit zur Fortsetzung unserer Tätigkeit abschneidet, so darf man nicht sofort den Rücken wenden und wehrlos fliehend einen Schlupfwinkel suchen, als gäbe es irgendeinen Ort, wohin uns das Schicksal nicht verfolgen könnte, sondern man ziehe seiner Wirksamkeit zunächst engere Grenzen und suche mit Auswahl etwas ausfindig zu machen, wodurch man sich dem Staate nützlich erweisen kann. Der Kriegsdienst ist einem verschlossen, nun, so bewerbe man sich um Ehrenstellen; man muss als Privatmann leben, gut, so versuche man es als Redner; ist einem das Reden verboten, so stelle man sich als stummer Anwalt in den Dienst seiner Mitbürger; ist schon das bloße Betreten des Forums gefährlich für einen, so übernehme er in den Häusern, im Theater, bei Gastmahlen die Rolle des guten Gesellschafters, des treuen Freundes, des maßvollen Gastes; ist ihm der Kreis der bürgerlichen Tätigkeit verschlossen, so zeige er sich wirksam als Mensch. Darum haben wir mit edler Beherztheit uns nicht in die Mauern einer einzelnen Stadt eingeschlossen, sondern die ganze Welt zu unserem Verkehrsfeld gemacht und uns zum Weltbürgertum bekannt, um so der Tüchtigkeit einen weiteren Spielraum zu schaffen. Ist dir der Gerichtshof und die Rednerbühne oder die Volksversammlung verschlossen, so schaue rückwärts auf die weiten Länderstrecken, auf die zahlreichen Völkerschaften; niemals wird das dir verschlossene Gebiet so umfangreich sein, dass nicht noch ein größeres für dich übrig bliebe. Doch wer weiß, vielleicht trifft dich selbst die ganze Schuld; denn du willst nicht anders denn als Konsul oder als Prytane oder als Keryx oder als Sufet dem Staate dienen. Wie? Willst du etwa auch Kriegsdienst tun nur als Feldherr oder als Tribun? Mögen auch andere im Vorderglied stehen und mag das Los dich in das dritte Glied (zu den Triariern) gestellt haben, du musst auch da mit Wort, Mahnung, Beispiel, Mut dich als Soldat bewähren. Auch nach Verlust seiner Hände hat jener Krieger Mittel und Wege gefunden, um der Sache der Seinen zu nützen: Er harrt aus auf seinem Platz und hilft durch seinen Zuruf. Dem ähnlich musst du handeln: Wenn das Schicksal dir den ersten Platz im Staate versagt, so wanke und weiche doch nicht von der Stelle: Hilf durch Zuruf, und hat man dir den Mund gestopft, so wanke und weiche doch nicht: Hilf durch

Schweigen. Niemals ist das Bemühen eines tüchtigen Bürgers nutzlos: Dadurch, dass man ihn hört oder sieht, durch Blick, Wink, stummes Beharren, ja durch seinen Gang schon macht er sich nützlich. Wie manches Heilkraut, ohne dass man es kostet oder berührt, durch den bloßen Geruch schon wirkt, so spendet die Tugend schon aus der Ferne und aus der Verborgenheit ihren Segen. Wer in ihrem Dienste steht, mag er nun frei umherwandeln und ganz nach seinem Belieben über sich verfügen oder in seinen Entschließungen von anderen abhängig sein und nicht mit vollen Segeln fahren, mag er in stiller Zurückgezogenheit weilen und in engbegrenztem Kreis oder öffentlich wirken, gleichviel in welcher Lage er ist: Er macht sich überall nützlich. Kannst du wirklich glauben, das Beispiel eines der edlen Muße sich hingebenden Mannes gewähre keinen erheblichen Nutzen? Gewiss nicht. Darum ist es weitaus das Beste, die Geschäfte zeitweise mit der Muße zu vertauschen, wenn das tätige Leben durch zufällige Hindernisse oder durch die Lage des Staates gehemmt wird; denn niemals ist alles dermaßen abgesperrt, dass für keine edle Handlung mehr Raum wäre.

5. Kannst du einen Staat finden, der in einem elenderen Zustande gewesen wäre als der der Athener zu jener Zeit, als die dreißig Tyrannen ihr Unwesen mit ihm trieben? Dreizehnhundert Bürger, darunter die Besten, hatten sie umgebracht, und das war ihnen noch nicht genug, sondern die Grausamkeit reizte sich selbst nur noch mehr auf. In dem Staate, in dem es einen Areopag gab, dies hochheilige Gericht, in dem es einen Senat (Ratsversammlung) gab und ein Volk, dem Senate ähnlich, versammelte sich Tag für Tag das verwünschte Henkerkollegium, und das unselige Rathaus war nicht geräumig genug für die Tyrannen. Konnte ein Staat zur Ruhe kommen, in dem es so viele Tyrannen gab als ausreichend gewesen wären für die Trabantenschar? Ja, auch jede Hoffnung auf Wiedererlangung der Freiheit war den Geängstigten versagt, und kein Ausweg aus so überwältigendem Unheil tat sich ihnen auf: Denn woher sollten dem unglücklichen Staate so viele Harmodios erstehen? Doch inmitten dieses Elendes gab es einen Sokrates, der die trauernden Väter tröstet und die am Staate Verzweifelnden aufzurichten suchte und den Reichen, die für ihr Vermögen zitterten, das Gewissen schärfte ob der zu späten Reue über ihre heillose Habsucht und ein glän-

zendes Muster war für jeden, der gewillt war ihm nachzueifern, da er, den Gewaltherren zum Trotz sich, frei unter ihnen bewegte. Über ihn jedoch hat Athen selbst im Kerker den Tod ergehen lassen: Die Freiheit wollte sich die Freiheit dessen nicht gefallen lassen, der unbehelligt der Schar der Tyrannen getrotzt hatte. Daraus magst du dir die Lehre entnehmen, erstens, dass ein Weiser auch in einem schwer darniederliegenden Gemeinwesen Gelegenheit findet, sich hervorzutun, nicht minder aber auch die, dass in einem blühenden und glücklichen Staate Geld, Neid und tausend andere Untugenden ohne Waffen die Herrschaft führen. Je nach der Lage des Staates also, je nach der Gunst oder Ungunst des Schicksals werden wir entweder uns recken oder uns ducken, auf alle Fälle aber uns immer in Bewegung halten und nicht unter dem lähmenden Einfluss der Furcht in Starrheit verfallen. Nein, der nur ist mir ein Mann, der rings von Waffen umstarrt und von klirrenden Ketten, seiner Mannhaftigkeit keinen Abbruch tun lässt und sie den Blicken entzieht; denn sich retten heißt nicht sich begraben. Curius Dentatus hatte gewiss recht, wenn er sagte, er wolle lieber tot sein als wie ein Toter leben; es gibt kein schlimmeres Unheil, als aus der Zahl der

Lebenden auszutreten, ehe man stirbt. Allein, wirft einen der Zufall in eine der Wirksamkeit abholde Zeit des staatlichen Lebens, dann muss man darauf bedacht sein, sich mehr der Muße und den Wissenschaften zu widmen und muss ähnlich wie auf einer gefahrvollen Seefahrt alsbald im Hafen Zuflucht suchen und nicht warten, bis die Umstände die Trennung erzwingen, sondern selbst sich von ihnen trennen.

6. Das Erste, was wir tun müssen, ist, uns selbst genau zu prüfen, sodann die Geschäfte, denen wir uns widmen wollen, und drittens die Leute, für die oder mit denen wir uns zu tun machen.

Vor allem ist es nötig, unsere eigenen Kräfte genau abzuschätzen; denn gewöhnlich überschätzen wir unsere Kraft: Der eine kommt zu Fall durch das blinde Vertrauen auf seine Beredsamkeit, der andere überschätzt sein ererbtes Vermögen und gerät darüber in Schulden, ein dritter mutet in rastlosem Diensteifer seinem schwächlichen Körper zu viel zu. (Es ist zu erwägen, ob deine Natur geeigneter ist für das Geschäftsleben oder für ruhige Studien und für die Beschaulichkeit, und du musst dich dem zuwenden, wohin die Eigenart deiner Begabung dich zieht – Isokrates führte den Ephorus eigenhändig vom Forum weg, weil er von ihm mehr erwartete, wenn er sich der Geschichtsschreibung zuwendete – denn der Geisteszwang wirkt meist lähmend, alle Mühe ist umsonst, wenn die Natur widerstrebt.) Bei manchen ist die Schüchternheit ein Hemmnis für den Staatsdienst, der eine feste Stärke erfordert; andere macht ihr Starrsinn ungeeignet für den Hof; wieder andere können ihren Zorn nicht bemeistern, und jede Verstimmung reißt sie zu unbesonnenen Äußerungen hin; der oder jener Witzling versteht sich nicht genug zu beherrschen und kann gefährliche Spaße und Einfälle nicht bei sich behalten. Für alle diese taugt die Ruhe mehr als das Geschäftsleben; eine stürmische und leidenschaftliche Natur tut gut, den Reizungen einer für sie bedrohlichen Freiheit auszuweichen.

Ferner sind die Gegenstände, denen wir uns berufsmäßig widmen wollen, ihrerseits genau zu prüfen und unsere Kräfte mit den Anforderungen zu vergleichen, die diese Gegenstände an uns machen werden. Denn immer muss der Handelnde mehr Kraft haben als das Behandelte: Die Last, die größer ist als die Kraft des Tragenden, muss uns notwendig zu Boden drücken. Auch gibt es manche Geschäfte, die nicht sowohl groß als reich an Nachwuchs sind und viele weitere Geschäfte nach sich ziehen. Auch die muss man meiden, die eine ganz neue und verwickelte Art von Beschäftigung zur Folge haben; auch darf man sich nicht an Dinge machen, die einem nicht den freien Rückzug gestatten. An diejenigen muss man Hand anlegen, deren Abschluss man erreichen oder wenigstens erhoffen kann; was im weiteren Verlauf immer Weiteres nach sich zieht und über das vorgesteckte Ziel hinausführt, davon soll man die Hand lassen.

7. Was die Menschen anlangt, mit denen man es zu tun hat, so ist eine Auswahl ganz unerlässlich. Man frage sich: Sind sie es wert, dass wir einen Teil unserer Zeit an sie wenden? Kommt, was wir an Zeit dadurch verlieren, ihnen wirklich auch zugute? Gibt es doch manche, die unsere Freundlichkeiten gegen sie uns als einen Schuldposten an sie anrechnen. Athenodoros sagte, er werde sich nicht einmal zur Tafel einfinden bei einem, der sich ihm dafür nicht als Schuldner fühle. Du sagst dir wohl selbst, dass er noch viel weniger sich bei solchen als Gast einfinden würde, die mit einer Einladung zur Tafel einen Freundschaftsdienst in gleichwertiger Münze bezahlt zu haben meinen, die die Trachten ihrer Speisen als Ehrengeschenke anrechnen, als ob sie mit solchen

Prunkleistungen anderen eine Ehrung erwiesen. Nimm ihnen Zeugen und Zuschauer, und mit der Freude an ihrer vereinsamten Garküche wird es vorbei sein.

Nichts aber macht uns mehr Freude als treue und herzliche Freundschaft. Was für ein Segen ist es, treue Seelen um dich zu haben, denen du jedes Geheimnis sicher anvertrauen kannst, deren Mitwissen du weniger zu fürchten brauchst als dein eigenes, deren Äußerungen deinen Kummer lindern, deren Urteil deine Pläne fördern, deren Heiterkeit deinen Trübsinn verscheuchen kann, deren Gegenwart schon ein Genuss für dich ist. Die Wahl allerdings darf nur auf solche fallen, die frei sind von schlimmen Leidenschaften; denn die Laster sind lauernde Feinde und übertragen sich auf die Nächststehenden und haben eine unheilvoll ansteckende Wirkung. Wie man also in Zeiten der Pest Sorge tragen muss, nicht mit schon erkrankten und schwer ringenden Personen in Berührung zu kommen, um nicht die Gefahr auf uns zu übertragen, die uns schon durch den bloßen Anhauch bedroht, so müssen wir uns bei der Wahl unserer Freunde strengste Charakterprüfung zur Regel machen, um nur solche zu wählen, die noch möglichst unverdorben sind. Es ist der Anfang der Krankheit, wenn man Gesundes mit Krankem mischt.

Damit will ich nicht sagen, du dürftest dich an niemanden anschließen als an den Weisen und dürftest es nur mit ihm halten; denn wo findest du ihn? Ihn, den wir schon so viele Jahrhunderte lang suchen? Als Bester gelte, der am wenigsten schlimm ist! Du würdest wohl kaum die Möglichkeit einer glücklicheren Wahl haben, wenn du unter Männern wie Platon und Xenophon und den Vertretern der weitverzweigten geistigen Nachkommenschaft des Sokrates die Guten auswählen dürftest, oder wenn dir das Cato-Zeitalter für die Wahl zur Verfügung stände, das eine Fülle von Männern hervorbrachte, die es wert waren, Catos Zeitgenossen zu sein (daneben aber auch zahlreiche Schurken, schlimmer als sonst irgendwann, und Anstifter von unerhörten Gräueltaten; denn nach beiden Seiten hin bedürfte es starker Vertretung, um des Cato Bedeutung kenntlich zu machen; es musste einerseits Ehrenmänner geben, die für ihn volles Verständnis hatten, wie Schurken, an denen er seine Kraft zu erproben hatte); jetzt aber, bei dem großen Mangel an braven Männern, wird die Wahl weniger krittlich sein. Vor allem aber meide man die Schwarzseher und Klagesüchtigen, denen nichts gut genug ist, um nicht darüber ein Klagelied anzustimmen. Mag einer auch ein treuer und wohlwollender Gesell sein, er ist doch ein Feind unserer Ruhe durch seine ewige Aufregung und sein beständiges Seufzen.

8. Gehen wir nun zu den Vermögensverhältnissen über, dieser stärksten Quelle menschlicher Kümmernisse. Denn vergleiche alles, wodurch wir sonst geängstigt werden – Todesfälle, Krankheiten, Befürchtungen, Wünsche, Überstehen von Schmerzen und Anstrengungen – mit den Widerwärtigkeiten, die uns unser Geld bereitet, so fällt das Letztere weitaus am schwersten ins Gewicht. Darum mache man sich klar, dass Besitzlosigkeit ein viel leichterer Schmerz ist als Besitzverlust, und man wird einsehen, dass die Armut ein umso geringerer Anlass zu qualvoller Pein ist, je weniger bei ihr ein Verlust überhaupt in Frage kommt. Denn du irrst, wenn du glaubst, die Reichen erwiesen sich mutiger im Ertragen von Verlusten: die größten wie die kleinsten Körper sind gleich empfindlich gegen Wunden. Sehr treffend sagt Bion, es sei für die Kahlköpfigen ebenso ärgerlich, wenn ihnen Haare ausgerissen würden, als für die Vollhaarigen. Ebenso, glaube mir, steht es mit den Armen und Reichen, sie leiden die nämliche Pein: Beide

hängen an ihrem Geld und können sich nicht ohne Empfindlichkeit davon trennen. Erträglicher indes, wie gesagt, und leichter ist es, etwas nicht zu erwerben, als es zu verlieren; daher die freudigere Stimmung derer, denen das Glück niemals gelächelt hat, als derer, denen es den Rücken wendet. Diese Einsicht ging dem Diogenes auf, diesem gewaltigen Geist, und dies hatte die Wirkung, dass ihm nichts entrissen werden konnte. Nenne es Armut, Mangel, Dürftigkeit oder welchen schimpflichen Namen du diesem Sicherheitszustande geben willst: Ich werde erst dann ihn, den Diogenes, für nicht glücklich halten, wenn du mir einen anderen aufweisen kannst, dem nichts verloren gehen kann. Ich müsste mich doch sehr täuschen, wenn es nicht eine Stellung gleich der eines Königs wäre, unter Geizigen, Betrügern, Räubern und Banditen der Einzige zu sein, der gegen den Schaden gefeit ist. Zweifelt einer an Diogenes' Glück, so kann er diesen Zweifel auch auf die Verhältnisse der unsterblichen Götter übertragen und fragen, ob sie nicht des Glückes entbehrten, da sie weder Landgüter noch Gärten noch großen Bodenbesitz für fremde Pflanzer haben, noch riesigen Wucherzins auf dem Forum. Schämst du dich nicht, du Anbeter des Reichtums? Blicke doch hin auf das Weltall:

Aller Habe bar wirst du die Götter sehen; sie geben uns alles, aber haben nichts. Hältst du den für arm oder für ähnlich den unsterblichen Göttern, der auf alle Gaben des Zufalles verzichtet? Hältst du den Demetrius Pompejanus etwa für glücklicher, der sich nicht schämte, reicher zu sein als Pompejus? Täglich ließ er sich Bericht erstatten über die Zahl seiner Sklaven, wie der Feldherr über seine Soldaten, er, für den zwei Stellvertreter und eine geräumigere Zelle schon längst Reichtum genug gewesen wäre. Dem Diogenes dagegen konnte sein einziger Sklave entlaufen, ohne dass er es für der Mühe wert hielt, ihn zurückzuholen, als man ihn ihm zeigte. »Es wäre doch schimpflich«, sagte er, »wenn Manes ohne Diogenes leben könnte, aber Diogenes nicht ohne Manes.« Damit wollte er wohl sagen: »Treibe du nur dein Geschäft, o Schicksal; beim Diogenes hast du nichts mehr zu suchen. Für mich (mir zuliebe) ist der Sklave entlaufen, oder ist vielmehr frei davon gegangen.« Die Dienerschaft forderte Kleidung und Unterhalt, man hat so viele Bäuche gieriger Bestien zu befriedigen, hat Kleider für sie zu kaufen, ihre diebischen Hände zu überwachen und sich mit ihren Tränen und Verwünschungen beim Verrichten ihres Dienstes abzufinden. Wie viel glücklicher ist doch der, welcher niemandem etwas schuldet außer dem, dem er am leichtesten eine abschlägige Antwort erteilen kann, nämlich sich selbst! Doch da wir nicht die Kraft eines Diogenes besitzen, sollten wir unser Vermögen wenigstens einschränken, um weniger den Schlägen des Schicksals ausgesetzt zu sein. Brauchbarer für den Kriegsdienst sind solche Körper, deren Glieder sich leicht der für sie bestimmten Waffenrüstung einfügen, als solche, die ein Übermaß haben und deren Größe sie allenthalben den Wunden preisgibt: Das beste Vermögensmaß ist das, welches einerseits nicht etwa schon als Armut zu gelten hat, andererseits doch auch nicht allzu weit von der Armut entfernt ist.

9. Wir werden uns aber mit diesem Maße befreunden, wenn wir uns nur erst mit der Sparsamkeit auf guten Fuß gesetzt haben, ohne die auch aller Reichtum nicht hinreicht und kein Landbesitz sich weit genug für uns ausdehnt, zumal die Abhilfe doch so naheliegt und die Armut sich in Reichtum umwandeln kann, wenn man nur die Genügsamkeit zu Hilfe zieht. Gewöhnen wir uns, uns jeden Prunkes zu entschlagen und als maßgebend den Nutzen der Dinge anzusehen, nicht den äußeren Schmuck. Die Speise stille den Hunger, der

Trank den Durst, der Geschlechtstrieb halte sich innerhalb der ziemenden Grenzen. Lernen wir, mit unseren eigenen Gliedmaßen auszukommen und in Kleidung und Lebensweise uns nicht nach der neuesten Mode zu richten, sondern nach der ehrbaren Sitte der Alten; lernen wir, die Enthaltsamkeit zu steigern, die Genusssucht in Schranken zu halten, die Ruhmbegierde zu mäßigen, den Jähzorn zu lindern, mit der Armut uns auf freundlichen Fuß zu stellen, die Genügsamkeit in Ehren zu halten, auch wenn sich so mancher bisher ihrer schämte, den natürlichen Bedürfnissen durch leicht zu beschaffende Mittel Befriedigung zu gewähren, ungezügelte Hoffnungen und die Sucht des Plänemachens für ferne Zukunft gleichsam in Fesseln zu halten und es dahin zu bringen, dass wir den Reichtum mehr von uns selbst als vom Glücke erwarten. Bei der großen Mannigfaltigkeit schwerer Schicksalsschläge kann es nicht ausbleiben, dass, wenn man die großen Segel ausspannt, der Sturm nicht gewaltige Verheerungen anrichte; man muss die Segel einreffen, um dem Schicksal kein sicheres Ziel für seine Angriffe zu bieten. So kommt es, dass Verbannungen und Bedrängnisse zum Heile ausschlugen und durch leichteres Ungemach schweres geheilt ward. Schenkt die Seele vernünftigem Rate kein Gehör, und will sie sich durch leichtere Mittel nicht heilen lassen, warum sollte es ihr dazu nicht zuträglich sein, wenn Armut, Schande, völliger Vermögenszusammenbruch den Betreffenden heimsucht, wenn Unheil gegen Unheil ausgespielt wird? Gewöhnen wir uns also, unsere Mahlzeiten zu halten ohne eine Schar von Gästen, uns mit weniger Dienstpersonal zu begnügen, bei Anschaffung unserer Kleidung nur auf deren eigentlichen Zweck zu sehen und uns in unseren Wohnungsverhältnissen zu beschränken! Nicht nur im freien Lauf und im Wettkampf des Zirkus gilt es, an rechter Stelle einzulenken, sondern auch in dieser Lebensbahn.

Auch was die wissenschaftlichen Studien anlangt, so hat der Aufwand dafür, an sich gewiss lobwürdig, doch nur so lange Sinn und Verstand, als er Maß hält. Wozu die unzähligen Bücher und Bibliotheken, von denen der Besitzer in seinem ganzen Leben kaum die Kataloge durchgelesen hat? Es belastet die Masse den Lernenden, ohne ihn zu belehren, und es ist weit vernünftiger, dich an wenige Schriftsteller zu halten, als irrend umherzuschweifen von einem zum anderen. Vierzigtausend Bücher sind in Alexandria verbrannt. Mag ein anderer diese Bibliothek als schönstes Denkmal königlicher Freigebigkeit preisen, wie T. Livius, der sagt, es sei dies ein hervorragendes Werk des guten Geschmackes und der umsichtigen Fürsorge der Könige gewesen: Es war dies weder guter Geschmack, noch umsichtige Fürsorge, sondern ein wissenschaftlicher Prunk, ja man kann nicht einmal sagen, ein »wissenschaftlicher«, denn sie hatten es dabei nicht abgelegt auf wissenschaftliche Studien, sondern auf eine Schaustellung, wie so viele Ignoranten, die ihre Nase niemals auch nur in ein Elementarbuch gesteckt haben, die Bücher nicht als Hilfsmittel der Wissenschaft, sondern als Schaustücke für ihre Mahlzeiten ansehen. Man schaffe sich also Bücher an, so viel als zu unserem Bedarf hinreichen, aber nicht zur Schaustellung. »Es ist doch besser«, erwiderst du, »wenn sich der Aufwand auf Bücher, als auf korinthische Gefäße und Gemälde wendet.« Was zu viel ist, ist überall vom Übel. Was kannst du denn zur Entschuldigung eines Menschen vorbringen, der erpicht ist auf Schränke von Zitrusholz und Elfenbein, der die einzelnen Bände unbekannter oder nichtswürdiger Schriftsteller zusammensucht und inmitten dieser unermesslichen Bücherhaufen gähnt und sein eigentliches Vergnügen nur an den Vorsatzblättern seiner Bücherrollen und an ihren Titeln hat? Es sind just die größten Faulpelze, bei denen du die ganze Redner- und Geschichtsliteratur finden kannst, aufgeschichtet auf Regale bis ans Dach hinauf. Findet man doch bereits in Badeanstalten und Thermen Bibliotheken in nettester Aufmachung als unentbehrliche Zierde des Hauses. Ich würde ja nichts dagegen haben, wenn diese Erscheinung auf übertriebenen Eifer für die Wissenschaft zurückzuführen wäre; tatsächlich aber werden diese gesammelten Werke der gefeiertsten Geister, geziert mit ihren Bildnissen, nur zum Schein und zum Schmuck der Wände angeschafft.

10. Aber nimm an, du seiest in eine schwierige Lebenslage geraten und das Schicksal habe dir, sei es im häuslichen oder im öffentlichen Leben, wider alles Vermuten eine Schlinge umgeworfen, die du weder lösen noch zerreißen kannst, so denke an die Gefesselten: Anfangs wird es ihnen schwer, sich mit ihrer Last und den hemmenden Fußketten zurecht zu finden; haben sie aber einmal den Vorsatz gefasst, statt darüber in Wut zu geraten, sich in ihr Schicksal zu fügen, so lehrt sie die Not, das Unvermeidliche tapfer, die Gewohnheit, es leicht zu tragen. In keiner Lebenslage wird es dir an Aufmunte-

rungen, Erholungen und Aufheiterungen fehlen, wenn du es über dich gewinnst, das Schlimme lieber für erträglich zu halten, als es dir verhasst zu machen. Die Natur, die wohl wusste, welchen harten Prüfungen sie uns durch unsere Geburt aussetzte, hat sich kein größeres Verdienst um uns erworben, als dies, dass sie zur Linderung unseres Ungemachs die Gewohnheit erfand, die uns bald auch mit dem Schwersten vertraut macht. Niemand würde es aushalten, wenn das Unglück bei weiterer Fortdauer immer dieselbe Kraft hätte wie beim ersten Schlag. Wir alle sind an das Schicksal gekettet, die einen mit goldener und gefügiger Kette, die anderen mit eng anschließender und rostiger; doch was kommt darauf an? Wir alle, ohne Unterschied, leben in einer Art Gefangenschaft, und angebunden sind auch die, die uns angebunden haben, du müsstest denn die Kette an der Linken für leichter halten. Den einen fesseln Ehrenstellen, den anderen Reichtum; einige leiden unter ihrer vornehmen Geburt, andere unter dem Gegenteil; manche müssen sich fremde Herrschsucht gefallen lassen, manche hinwiederum sind Opfer der eigenen; manche sind durch Verbannung an den nämlichen Ort gebunden, manche durch ihre priesterliche Würde: Das ganze Leben ist im Grunde nichts anderes als

Knechtschaft. Darum gilt es, sich an seine Lage zu gewöhnen, so wenig als möglich über sie zu klagen und keine Erleichterung, die es etwa bietet, unbenutzt zu lassen. Nichts ist so bitter, dass ein gefasstes Herz nicht noch Trost fände. Oft hat die für ein Haus zu Gebot stehende Bodenfläche durch das Geschick des Baumeisters sich für den Bedarf einer starken Bewohnerschaft ausreichend erwiesen und seine Raumverteilung hat die, wenn auch noch so enge Fläche bewohnbar gemacht. Begegnen wir den Schwierigkeiten mit kühlem Verstande: Auch das Harte kann erweicht und das Enge erweitert und die Last minder drückend gemacht werden, wenn man sich nur auf die Kunst des Tragens versteht.

Zudem darf man die Begierden nicht ins Ungemessene ausschweifen lassen, sondern ihnen nur einen geringen Spielraum gewähren; denn ganz einschließen lassen sie sich doch nicht. Halten wir uns also, unter Verzicht auf das Unmögliche oder schwer Erreichbare, an das Naheliegende und unserer Hoffnung Entgegenkommende, doch immer in dem Bewusstsein, dass alles gleich nichtig ist, äußerlich zwar mancherlei Gestalt annehmend, innerlich aber durchweg hohl. Hüten wir uns auch vor dem Neid gegen Höherstehende. Was hoch emporragt, birgt des Absturzes Gefahr in sich. Diejenigen dagegen, die ein minder freundliches Geschick in eine bedenkliche Mittelstellung gebracht hat, werden sicherer fahren, wenn sie ihre an sich zum Stolz auffordernde Stellung jedes Scheines von Anmaßung entkleiden und ihr Los möglichst dem Durchschnittslos angleichen. Es gibt zwar viele, die an ihre hohe Stellung unablöslich gekettet sind, von der sie nur durch jähen Sturz herabkommen können; aber sie gestehen selbst ganz offen, dass sie nichts drückender empfinden als dies, dass sie sich gezwungen sehen andere zu bedrücken und nicht in Freiheit, sondern gebunden zu sein. Mögen sie durch Gerechtigkeit, durch Milde, durch Menschlichkeit, durch Freigebigkeit und Wohltätigkeit einer freundlichen Wendung ihres Schicksals gehörig vorarbeiten, und möge die Hoffnung darauf das Bedenkliche ihrer schwankenden Lage mindern. Nichts aber wird uns sicherer schützen vor diesem wogenden Seelenzustand, als wenn wir seinem Anschwellen immer eine feste Grenze setzen und uns durch Beispiele davor warnen lassen, nicht dem Schicksal die Entscheidung über das Ablassen anheimzugeben, sondern aus eigenem Entschlusse schon lange zuvor haltzumachen. So wird denn eine oder die andere Begierde die

Seele anstacheln; aber die Beschränkung auf ein gewisses Maß wird sie vor Übergriffen ins Grenzenlose und Unsichere bewahren.

11. Diese meine Ausführungen beziehen sich auf mehr oder minder unvollkommene, der geistigen Reife entbehrende Durchschnittsmenschen, nicht auf den Weisen. Dieser braucht nicht ängstlich Schritt für Schritt zu wandeln; sein Selbstvertrauen ist so stark, dass er ohne Bedenken sich dem Schicksal widersetzen und ihm keinen Fußbreit Landes einräumen wird. Auch hat er nicht den mindesten Grund, es zu fürchten, da er nicht nur Sklaven, reichen Besitz und würdevolle Stellung, sondern auch seinen Körper, seine Augen, seine Hand und was dem Menschen den Wert seines Lebens erhöhen mag, ja sich selbst unter die Dinge rechnet, auf die kein Verlass ist, und lebt, als wäre er sich selbst nur geliehen und müsse sich ohne Murren wieder zurückgeben, wenn man ihn zurückfordere. Er fühlt sich aber keineswegs dadurch erniedrigt, dass er weiß, er gehöre sich nicht selbst, sondern er wird alles so gewissenhaft, so umsichtig tun, wie ein gottesfürchtiger und frommer Mann zu hüten pflegt, was seiner Treue anvertraut ist. Wenn aber der Befehl an ihn herantritt, es wieder

zurückzugeben, wird er mit dem Schicksal nicht hadern, sondern sagen: »Dank sei dir für das, was ich besaß und hatte. Ich habe zwar das Deinige nur gegen schweren Zins mir zugutekommen lassen; doch weil du es so befiehlst, so gebe ich es hin, trete es dankbar und willig ab. Soll ich auch jetzt noch etwas von dir behalten, so will ich es bewahren; bist du anderen Sinnes, so gebe ich dir alles Silber, verarbeitetes und geprägtes, mein Haus, mein Gesinde zurück, überantworte es dir.« Und fordert die Natur zurück, was sie uns früher gegeben, so werden wir auch zu dieser sagen: »Nimm ihn zurück, den Geist, den du gegeben, nimm ihn zurück als ein veredeltes Gut; ich sträube und weigere mich nicht; willig stelle ich dir zur Verfügung, was du mir gabst, ohne dass ich es merkte; nimm es hin!« Zurückzukehren, woher man gekommen ist, was hat es denn damit auf sich? Der führt kein wünschenswertes Leben, der nicht gut zu sterben weiß. Daher muss man vor allem dem Tode keine so hohe Bedeutung beimessen, sondern den Odem zu einer verächtlichen Nebensache machen. Den Gladiatoren, sagt Cicero, verzeihen wir es nicht, wenn sie unter allen Umständen ihr Leben zu erhalten bedacht sind; dagegen kargen wir ihnen gegenüber nicht mit unserer Gunst, wenn sie sich als Verächter des Lebens erweisen. So, wisse, steht es auch mit uns. Gar oft nämlich ist die Angst vor dem Tode die Ursache des Todes. Das Schicksal, dem dies ein ergötzliches Schauspiel ist, sagt: »Wozu soll ich dich aufsparen, du heilloses und feiges Geschöpf? Nur umso kräftiger wird man mit Hieb und Stich gegen dich losgehen, weil du den Mut nicht hast, deine Kehle darzubieten. Anders du da! Du wirst länger leben und leichter sterben, der du das Schwert nicht mit widerstrebendem Nacken und vorgestreckten Händen auf dich niederfahren siehst, sondern mutig stirbst.« Wer den Tod fürchtet, wird nie einer des lebenden Menschen würdigen Tat fähig sein. Aber wer sich dessen bewusst ist, dass gleich bei seiner Empfängnis auch die endgültige Bestimmung über ihn getroffen sei, der wird der Vorschrift gemäß leben und mit derselben Geisteskraft zugleich auch das erreichen, dass ihn nichts von allem, was da kommen mag, unvorbereitet trifft; denn immer sieht er, was möglicherweise eintreten kann, gewissermaßen als wirklich eintretend, voraus und lindert dadurch das Ungestüm alles hereinbrechenden Unheils, das den in vollem Maße darauf Vorbereiteten keine Überraschung bringt, während es den sich gesichert Wähnenden und nur an Glück Denkenden als schwere Prüfung erscheint. Lass es Krankheit sein oder Gefangenschaft, Einsturz, Brand: Nichts von dem allen kommt völlig überraschend; ich wusste schon, an welche sturmbewegte Gemeinschaft die Natur mich angeschlossen habe. Wie oft habe ich in meiner unmittelbaren Nachbarschaft Jammergeschrei vernommen, wie oft sind an meiner Schwelle vorüber kindliche Leichen unter Fackel- und Kerzenlicht zu Grabe getragen werden; oft hat sich seitwärts das Gedonner eines einstürzenden Gebäudes vernehmen lassen; viele von denen, die das Forum, die Kurie, das Interesse der Unterhaltung mir nahegebracht hatte, raffte die Nacht hinweg und das mörderische Halseisen riss die in trauter Freundschaft ineinandergeschlungenen Hände auseinander: Soll ich mich wundern, dass auch über mich ab und zu Gefahren hereinbrechen, die rings um mich herum immer ihr Wesen getrieben haben? Es gibt nicht wenige Menschen, die, wenn sie eine Seefahrt antreten, an den Sturm nicht denken. Handelt es sich um ein treffendes Wort, so berufe ich mich darauf, gleichviel, wie man über den Urheber denkt. Publilius, der an hinreißender Kraft manchen geistvollen Vertreter der Tragödie und Komödie hinter sich lässt, hat, wenn er sich über seinen gewöhnlichen Bretterwitz und seine auf die oberste Galerie berechnete Spaßmacherei erhebt, so manches Schlagwort geprägt, kräftiger als die Tragödie und weit hinaus über das Maß der Volksbühne. So unter anderen auch dies:

Was einen trifft, des mag sich
jedermann versehn.

Wenn einer sich von dieser Wahrheit ganz durchdringen lässt und alles Leid, das ungezählt sich täglich über andere häuft, so ansieht, als hätte es freie Bahn auch zu ihm selbst, dann wird er sich längst mit Schutzwaffen versehen haben, ehe der Angriff erfolgt. Es ist zu spät, wenn man die Seele erst nach der Gefahr zum Bestehen der Gefahr anhält. »Das hätte ich nicht für möglich gehalten« und »Hättest du denn jemals an ein solches Vorkommnis geglaubt?« Ja, warum denn nicht? Wo ist der Reichtum, dem nicht Armut, Hunger und der Bettelstab unversehens folgen könnte? Welche Stellung, auch noch so würdevoll, schützt davor, dass dem Prachtgewand, dem Augurenschmuck und dem Patrizierschuh sich auch erniedrigende Schmach beigeselle und Ausstoßung aus dem Senat und tausenderlei Beschimpfungen und völlige Missachtung? Wo ist das Königtum, das sicher wäre vor Einsturz, vor Zerschmetterung, vor Gebieter und Henker? Und da wird nicht lange gefackelt; eine einzige Stunde liegt zwischen dem Königsthron und der Kniebeugung vor fremdem Herrscher. Lass dir also gesagt sein, dass jede Lage dem Wechsel preisgegeben ist, und dass, was irgendeinen trifft, auch dich treffen kann. Du bist reich. Etwa reicher als Pompejus? Als Gaius (Caligula), von früher her mit ihm verwandt, neuerdings sein Gastfreund, diesem den Kaiserpalast geöffnet hatte, um ihn aus seinem eigenen Hause auszuschließen, gab man ihm weder Brot noch Wein. Viele Flüsse waren in seinem Besitz gewesen, die auf seinem Grund und Boden ihre Quelle und ihren Lauf hatten, und nun bettelte er um einige Tropfen Wasser; Hunger und Durst machten seinem Leben im Palaste seines Verwandten ein Ende, während sein Erbe ihm, dem er jede Nahrung verweigerte, ein öffentliches Leichenbegängnis veranstaltete.

Du hast die höchsten Ehrenstellen bekleidet: Etwa gar so hohe, so unverhoffte oder so umfassende wie Sejanus? An dem Tage, wo ihm der Senat noch das Geleite gegeben hatte, zerriss ihn das Volk in Stücke; von ihm, auf den Götter und Menschen alles nur irgend Erdenkliche zusammengehäuft hatten, blieb nichts mehr übrig, was des Henkers Hand wert gewesen wäre.

Du bist König: Ich will dich nicht auf den Krösus verweisen, der den Scheiterhaufen besteigen musste, aber ihn auch verlöschen sah, er, der nicht nur sein Königreich, sondern auch seinen Tod überlebte, auch nicht auf den Jugurtha, der dem römischen Volk noch in dem nämlichen Jahr, in dem es ihn gefürchtet hatte, in Rom zur Schau gestellt ward: Haben wir selbst doch den König Ptolemäus, den Herrscher von Afrika, und den König Mithridates, den Armenier, inmitten der Wachmannschaften des Caligula gesehen; der eine ward in die Verbannung geschickt, der andere wünschte, er möchte unter besserem Schutze entlassen werden. Bei so unaufhörlichem Auf- und Abschwanken aller menschlichen Dinge musst du alles, was möglicherweise eintreten kann, als dir wirklich bevorstehend ansehen; sonst räumst du dem Unglück eine Macht über dich ein, die derjenige bricht, der beizeiten sich vorsieht.

12. Der nächste Punkt wäre nun folgender: Wir dürfen nicht unnütze Ziele verfolgen und dürfen unsere Bemühungen nicht nutzlos verschwenden; das heißt: Wir dürfen einerseits unsere Wünsche nicht auf Dinge richten, die für uns unerreichbar sind, und dürfen uns an-

derseits nicht in die Lage bringen, nach Durchsetzung unserer leidenschaftlichen Wünsche die Nichtigkeit derselben zu spät unter tiefer Scham einzusehen; es soll also weder unsere Arbeit vergeblich und ohne Wirkung sein, noch der Erfolg in keinem entsprechenden Verhältnis zur Mühe stehen; denn in der Regel führt es zu einer trübseligen Stimmung, wenn entweder der Erfolg überhaupt fehlt oder man sich des Erfolges nur zu schämen hat.

Aufräumen muss man mit dem ewigen Hin- und Herrennen, das so viele Menschen in Atem hält, die in Häusern, in Theatern und auf den Marktplätzen herumschwirren. Sie drängen sich anderen auf, um für sie tätig zu sein, und sie sehen immer aus, als hätten sie etwas zu tun. Fragst du einen von ihnen, wenn er auf die Straße heraustritt: Wohin? Was hast du vor? So wirst du zur Antwort bekommen: »Wahrhaftig, ich weiß es selbst nicht; aber ich werde schon jemanden sehen, werde etwas zu tun bekommen.« Ohne bestimmtes Ziel treiben sie sich Beschäftigung suchend umher und haben es nicht auf etwas Bestimmtes abgesehen, sondern lassen den Zufall walten. Ihr Umherlaufen ist unbedacht und erfolglos, wie bei den Ameisen, die auf den Bäumen umherkriechen, bald oben bald unten sich bewegend, ohne Beute. Ein diesen ähnliches Leben führen jene vielen, deren Leben man wohl einen geschäftigen Müßiggang nennen könnte. Manche erwecken unser Mitleid, wenn sie wie zu einer Feuersbrunst rennen: Sie drängen die ihnen Begegnenden zur Seite und bringen sich und andere zu Fall, während ihr ganzes Gelaufe doch nur den Zweck hatte, entweder einen zu begrüßen, der ihm den Gruß nicht einmal erwidert, oder sich dem Leichenzug für einen ganz unbekannten Menschen anzuschließen, oder einen bekannten Streithammel vor Gericht zu hören, oder dem Verlöbnis eines, der sich nicht zum ersten Male verlobt, beizuwohnen; sie machen sich zu Begleitern einer Sänfte, ja helfen hie und da auch beim Tragen derselben. Wenn sie dann in zweckloser Ermüdung nach Hause kommen, so schwören sie, sie wüssten selbst nicht, weshalb sie ausgegangen wären, wo sie gewesen wären, um dann am nächsten Tage wieder dieselbe Irrfahrt anzutreten. Jede Arbeit muss also irgendeinen Zweck, irgendeine bestimmte Beziehung haben! Nicht der Tätigkeitstrieb setzt diese Rastlosen in Bewegung; es sind die täuschenden Trugbilder der Dinge, die die Verblendeten nicht ruhen lassen; denn auch bei ihnen ist es irgendwelche Hoffnung, die zur Bewegung anregt: Es reizt sie irgendein Scheinbild, dessen Nichtigkeit ihrem befangenen Geist nicht zum Bewusstsein kommt. Ohne Ausnahme gilt für alle, die ihr Haus nur verlassen, um das Straßengetümmel noch größer zu machen, das folgende: Es sind leere und nichtige Gründe, die einen jeden von ihnen in der Stadt umherführen; ohne dass er irgendwelchen ernstlichen Arbeitswillen hat, treibt ihn das Morgenlicht hinaus auf die Straße, und nachdem er an so mancher Tür vergebens geklopft und die dienenden Geister begrüßt hat, trifft er, obschon von so vielen abgewiesen, doch niemanden schwerer zu Hause an als sich selbst.

Mit diesem Unfug hängt jene abscheuliche Unsitte zusammen: Die Ohrenbläserei und Aushorcherei, das Auskundschaften öffentlicher und geheimer Vorgänge und das Wissen um viele Dinge, die zu erzählen ebenso bedenklich ist wie sie zu hören.

13. Das scheint auch Demokrit im Auge gehabt zu haben, als er so anhub: »Wer ruhig leben will, soll nicht vielerlei treiben, weder im eigenen noch im Staatswesen«, wobei er selbstverständlich an das Unnötige denkt; denn handelt es sich um notwendige Dinge, so gibt es im eigenen wie im öffentlichen Leben nicht nur

viele, sondern unzählige Dinge, die man erledigen muss. Wo uns aber keine der üblichen Pflichten ruft, da müssen wir mit unserer Tätigkeit zurückhalten. Denn wer sich auf vielerlei einlässt, der gibt dem Schicksal häufig Macht über sich, dem gegenüber das Sicherste ist, sich nur selten mit ihm auf Proben einzulassen, wenn man auch immer an es denken und sich nichts von seiner Zuverlässigkeit versprechen soll. »Ich werde eine Seefahrt unternehmen, es müsste denn etwas dazwischen kommen«; »ich werde Prätor werden, es müsste denn ein Hemmnis eintreten«; »das Unternehmen wird mir gelingen, es müsste denn etwas Unerwartetes sich ereignen.« Das ist es, was uns zu der Behauptung führt, dem Weisen könne niemals etwas völlig Unvermutetes begegnen. Wir erheben ihn nicht über die menschlichen Zufälligkeiten, wohl aber über die menschlichen Irrtümer; nicht alles geht ihm nach Wunsch und Willen, aber seine Seele ist immer auf alles gefasst; denn er hat sich vor allem immer gesagt, es könne dem, was er vor hat, sich auch ein Hemmnis entgegenstellen. Notwendig aber tröstet der sich leichter über einen vereitelten Wunsch, dem man das Gelingen nicht bedingungslos versprochen hat.

14. Wir müssen uns aber auch eine gewisse Fügsamkeit nach *der* Seite hin aneignen, dass wir uns nicht gar zu sehr auf das versteifen, was wir uns vorgenommen haben, sondern uns in die jeweilige Schicksalslage fügen und uns nicht bange machen lassen durch einen Wechsel, sei es unseres Entschlusses oder des Schicksals, wenn wir uns nur vor dem Fehler des Wankelmutes bewahren, diesem schlimmsten Feinde der Ruhe. Allerdings führt auch der starre Eigensinn unausbleiblich Beängstigung und Unheil mit sich, da das Schicksal ihm häufig einen Strich durch die Rechnung macht; aber der wankelmütige, hin- und herflatternde Leichtsinn ist doch noch viel schlimmer. Beides ist der Ruhe unzuträglich, sowohl wenn man nichts ändern kann als wenn man jedem Leiden ausweicht. Jedenfalls aber muss die Seele, von allem Äußerlichen absehend, sich ganz in sich selbst sammeln, muss volles Vertrauen zu sich gewinnen, muss an sich selbst ihre Freude haben, muss, was ihr gehört, hoch achten, was ihrem Wesen fremd ist, möglichst von sich fernhalten und mit sich selbst in Einvernehmen bleiben, darf Verluste nicht zu schwer empfinden und muss auch das Widerwärtige so viel wie möglich zum Besten deuten. Als unser Zeno die Nachricht von einem Schiffbruch er-

hielt, durch den all sein Hab und Gut untergegangen war, ließ er sich so vernehmen: »Das Schicksal will mir freiere Bahn zum Philosophieren geben.« Den Philosophen Theodorus bedrohte ein Tyrann mit dem Tod und zwar ohne Begräbnis. Was erwiderte er? »Der Erfüllung deines Wunsches steht nichts entgegen; mein bisschen Blut steht ganz zu deiner Verfügung; und was mein Begräbnis anlangt, was ist es da doch für eine Torheit, zu glauben, es liege mir daran, ob ich auf oder unter dem Erdboden verwese.« Canus Julius, ein ganz hervorragender Mann, den zu bewundern selbst der Umstand kein Hindernis ist, dass er in unserem Jahrhundert geboren ward, hatte einen langen, scharfen Wortwechsel mit Cajus (Caligula), nach dessen Abschluss dieser neue Phalaris zu dem Fortgehenden sagte: »Schmeichle dir ja nicht mit törichter Hoffnung; den Befehl zu deiner Hinrichtung habe ich bereits gegeben.« »Dank dir«, erwiderte er, »mein gnädigster Kaiser!« In welchem Sinne er dies gesagt haben mag, ist mir zweifelhaft, denn ich kann mir mancherlei dabei denken: Wollte er den Gebieter fühlen lassen, wie schmachvoll er gehandelt, und ihm vor Augen führen, dass solch unerhörter Grausamkeit gegenüber der Tod eine Wohltat sei? Oder geißelte er damit den wahnwitzigen Unfug, der damals Mode war? (Denn es war Sitte geworden, dass man sich bedankte für die Ermordung seiner Kinder und für den Raub von Hab' und Gut.) Oder nahm er es freudigen Herzens hin als eine Art der Befreiung? Wie es damit auch stehen mag, die Antwort zeugte von hochherzigster Sinnesart. Vielleicht erwidert man: »Es war ja immerhin möglich, dass Gaius daraufhin den Bescheid gegeben hätte, ihn am Leben zu lassen.« Diese Befürchtung hegte Canus nicht; man wusste, wie Gaius mit solchen Befehlen Wort hielt. Glaubst du wohl, dass jener die zehn Tage bis zu seiner Hinrichtung ohne jede Anfechtung von Kummer hingebracht habe? Es klingt fast unglaublich, was dieser Mann gesagt und getan, welche Ruhe er bewahrt hat. Er saß beim Brettspiel, als der Centurio, der den Transport der Verurteilten leitete, auch ihm den Befehl zugehen ließ, sich fertig zu machen. Bei diesem Ruf zählte er die Steine und sagte zu seinem Spielgenossen: »Nimm dich in Acht, und lüge nicht etwa einem vor, du habest gewonnen.« Darauf winkte er dem Centurio zu und sagte: »Du bist mein Zeuge, dass ich um Eines voraus bin.« Meinst du etwa, Canus hätte dies Brettspiel nur dem Spiele zuliebe getrieben? Nein! Dies Spiel war nichts als Hohn. Von Trauer erfüllt waren die Freunde, da sie solch einen Mann verlieren sollten. »Was trauert ihr?«, sagte er; »ihr forschet, ob die Seelen unsterblich seien: Ich werde es alsbald wissen.« Und so fuhr er auch in seiner Todesstunde fort, nach der Wahrheit zu forschen und seinen eigenen Tod zu einer Quelle der Forschung zu machen. Es begleitete ihn sein Philosoph, und der Zug war nahe dem Hügel, wo man unserem Gotte, dem Kaiser, das tägliche Opfer brachte. Da sagte der Philosoph: »Was denkst du jetzt, Canus? Womit beschäftigt sich dein Geist?« »Ich habe mir vorgenommen«, erwiderte Canus, »in jenem schnellsten aller Augenblicke zu beobachten, ob die Seele ihres Abscheidens sich bewusst sein wird«, und er versprach, wenn er darüber etwas erkundet hätte, als Geist bei seinen Freunden umzugehen und ihnen Kunde zu geben, wie es mit den Seelen stände. Schau, welche Ruhe mitten im Sturm! Ein Geist, würdig der Ewigkeit, der sein Todesverhängnis zur Ergründung der Wahrheit benutzt, der im letzten Lebensaugenblick die scheidende Seele über ihren Zustand befragt und nicht nur bis zum Tode, sondern vom Tode selbst noch etwas lernt. Wer hätte in der Philosophie noch länger beharrt? Aber es sei fern von uns, den großen und der höchsten Achtung würdigen Mann in Eile von uns zu lassen; wir werden dich im Andenken der Welt erhalten, du strahlendes Haupt, du unersetzliches Opfer der Gräuel eines Gaius!

15. Doch es genügt nicht, sich frei zu machen von den Anlässen zur Niedergeschlagenheit über die eigenen Angelegenheiten; denn mitunter bemächtigt sich unser ein Hass gegen das Menschengeschlecht überhaupt. Wenn man bedenkt, wie selten die schlichte Ehrlichkeit ist, wie wenig man von Unschuld weiß, und wie die Treue fast ganz aus der Welt geschwunden ist, außer wo sie etwa Nutzen bringt, wenn uns der ganze Schwarm sieggekrönter Verbrechen entgegentritt, sowie die gleich hassenswerten Gewinne und Verluste der Lustbegier mitsamt dem Ehrgeiz, der sich soweit vergisst, dass er dem Glanze zuliebe die schändlichsten Mittel nicht scheut, da umnachtet sich der Geist, und Finsternis breitet sich über ihn, als wäre alle Tugend ausgestorben, als wäre jede Hoffnung auf sie versperrt und jeder Nutzen von ihr ausgeschlossen. Wir müssen unserem Geist also die Wendung geben, dass uns alle Verirrungen des Volkes nicht verhasst, sondern lächerlich erscheinen, und müssen es mehr mit Demokrit halten als mit Heraklit. Denn dieser konnte sich auf der Straße nicht sehen lassen, ohne Tränen

zu vergießen; jener dagegen lachte; dem einen erschien alles, was wir tun, bejammernswert, dem anderen ein Possenspiel. Man muss sich alles leichter machen und fügsam ertragen; es steht dem Menschen besser an, das Leben zu belachen, als es zu beweinen. Zudem macht sich derjenige mehr verdient um das Menschengeschlecht, der da lacht, als der darüber trauert; denn jener lässt der frohen Hoffnung doch wenigstens noch einigen Raum; dieser dagegen weint törichterweise über das, an dessen Verbesserung er verzweifelt. Auch schon im Hinblick auf das All der Dinge zeigt derjenige doch einen höheren Geistesschwung, der mit dem Lachen als der mit dem Weinen nicht an sich halten kann; denn es ist die unschuldigste Gemütserregung, der er huldigt, und nichts in diesem mächtigen Triebwerk erscheint ihm groß, nichts ernst, ja nicht einmal bedauernswert. Jeder halte sich nur alles Einzelne vor, weshalb wir froh oder traurig sind, und er wird jenes Wort des Bion bestätigen: Alle Betätigung der Menschen gleiche durchaus ihrem Ursprung, und ihr Leben sei nicht heiliger oder ernster als ihre Empfängnis, sie sänken zurück in das Nichts, aus dem sie hervorgegangen. Doch es ist besser, die öffentliche Sittlichkeit und die Fehler der Menschen mit mildem Auge anzusehen und darüber weder ins Lachen noch ins Weinen zu verfallen; denn mit fremdem Leid sich abzuquälen ist ewiges Unheil, und an fremdem Unglück seine Freude zu haben, ist ein Vergnügen, das mit Menschengüte nichts zu tun hat, sowie es anderseits eine nutzlose Menschenfreundlichkeit ist, zu weinen, weil irgendeiner seinen Sohn begräbt, und darüber eine Trauermiene anzunehmen. Auch was unser eigenes Unglück anlangt, so muss man sich so verhalten, dass man dem Schmerze einräumt, was die Natur fordert, nicht was die herrschende Sitte mit sich bringt; denn sehr viele vergießen Tränen, um als Trauernde zu erscheinen, und haben immer trockene Augen, wenn kein Zuschauer da ist; sie schämen sich, nicht zu weinen, wo alle es tun. So tief hat sich diese Unsitte, diese Abhängigkeit von fremder Meinung eingewurzelt, dass auch die selbstverständlichste Sache, der Schmerz, der Heuchelei verfällt.

16. Wir kommen nunmehr zur Betrachtung von Dingen, die nicht ohne Grund tiefstes Bedauern erwecken und einer trüben Stimmung Raum geben. Man blicke hin auf die Fälle, wo es mit ehrenwerten Männern ein trauriges Ende nimmt, wo ein Sokrates gezwungen wird, im Kerker zu sterben, Rutilius in der Verban-

nung zu leben, Pompeius und Cicero ihren eigenen Schützlingen den Nacken darzubieten, der große Cato, das lebende Musterbild aller Tugend, sich in sein Schwert stürzend, seinen eigenen Untergang zugleich mit dem des Staates der Welt kundzugeben –, da kann es nicht ausbleiben, dass man sich gequält fühlt angesichts dieses ungerechten Lohnes vonseiten des Schicksals. Was soll jeder Einzelne überhaupt noch für sich hoffen, wenn er sieht, dass die Besten das Schlimmste über sich ergehen lassen müssen? Wie steht es also? Vergegenwärtige dir, wie jeder von ihnen sein Schicksal getragen habe, und, sind sie tapfer gewesen, so nimm dir ihr Beispiel zum Muster in deiner Sehnsucht nach ihnen, starben sie aber weibisch und feige, so ist an ihnen nichts verloren. Entweder sind sie wert, dich ihrer mannhaften Tugend zu erfreuen, oder nicht wert, dass man Verlangen trüge nach ihrer Unmännlichkeit. Denn was wäre schimpflicher, als dass die größten Männer durch ihren tapferen Tod uns zaghaft machten? Preisen wir vielmehr den so hohen Lobes Würdigen und sagen: Preis dir, du Held, der du umso glücklicher bist, je tapferer du bist! Alle Angriffe des Schicksals, Neid, Krankheit – sie liegen nun hinter dir; du bist kein Gefangener mehr; du verdientest nach der

Götter Meinung kein herbes Schicksal, verdientest vielmehr, dass das Schicksal keine Macht mehr über dich hätte.« Diejenigen aber, die sich darum herumdrücken wollen und in der Todesstunde nach dem Leben ausschauen, müssen des Schicksals Gewalt zu fühlen bekommen. Nie werd' ich einen beweinen, der freudig stirbt, nie aber auch einen beweinen, der unter Tränen stirbt; jener hat meine Tränen selbst getrocknet, dieser hat durch seine Tränen jedes Recht auf teilnehmende Tränen verwirkt. Soll ich den Herkules beweinen, dass er sich lebendig verbrannt? Oder den Regulus, dass er die Marterqualen über sich ergehen ließ, oder den Cato, dass er den Todesstreich gegen sich wiederholte? Sie alle haben den kurzen Schmerz eines Augenblickes nicht gescheut, um dadurch in die Ewigkeit einzugehen, und haben sich durch ihren Tod unsterblich gemacht.

17. Eine weitere, ergiebige Quelle von Ärgernissen ist die krankhafte Sucht, dir ein erkünsteltes Aussehen zu geben und dich niemandem in deiner natürlichen Gestalt zu zeigen, eine nicht vereinzelte Erscheinung; denn die Zahl derer ist nicht gering, die ein Leben führen voller Verstellung und auf den prunkenden Schein berechnet. Ihre beständige Selbstbeob-

achtung wird ihnen zur Qual, und es peinigt sie die Angst, sich einmal in anderer Gestalt ertappt zu sehen, als der, in der sie sich gewöhnlich zeigen. Und wir werden den beängstigenden Druck nicht los, wenn wir bei jedem Blick eines anderen argwöhnen, es sei auf eine Beurteilung und mögliche Entlarvung von uns abgelegt. Denn der Zufall bringt vieles mit sich, was trotz allen Widerstrebens unsere Blößen aufdeckt, und, angenommen auch, dass die beständige Achtsamkeit auf sich selbst von gutem Erfolge begleitet sei, so ist es doch kein angenehmes und sorgenfreies Leben, wenn man immer eine bestimmte Maske trägt. Dagegen die schlichte und jeden Aufputz verachtende Natürlichkeit, die keine Verschleierung des wahren Wesens kennt, wie viel Erfreuliches führt sie doch mit sich! Indes auch dies allen Augen offen liegende Leben birgt die Gefahr der Verachtung in sich; denn es gibt manche, denen es Unbehagen macht, die Dinge zu sehr aus der Nähe zu sehen. Allein, einerseits läuft die Tugend nicht Gefahr, an Wert zu verlieren, wenn sie aus der Nähe betrachtet wird, anderseits ist es doch besser, sich durch schlichte Natürlichkeit Verachtung zuzuziehen, als unter der Qual beständiger Verstellung zu leiden. Indes gilt es, die rechte Mitte zu halten. Es ist ein großer Unterschied, ob man ein aufrichtig schlichtes oder ein unachtsames Leben führt.

Vielfach muss man auch in sich selbst Einkehr halten; denn der Umgang mit anders gearteten Menschen stört das erlangte innere Gleichgewicht und weckt Leidenschaften wieder auf und führt allen Schwächen und bedenklichen Rückständen der Seele neue verderbliche Nahrung zu. Doch muss man beides verbinden und miteinander abwechseln lassen, Einsamkeit und Geselligkeit. Wie die Erstere in uns die Sehnsucht nach Menschen weckt, so die Letztere die Sehnsucht nach uns selbst, und beide werden einander hilfreich ergänzen; den Hass gegen das Menschengetümmel wird die Einsamkeit heilen, den Überdruss an der Einsamkeit das Menschengetümmel.

Ferner darf man den Geist nicht in unausgesetzt gleichmäßiger Anspannung halten, sondern muss ihm auch Erheiterung schaffen. Sokrates schämte sich nicht, mit Knaben zu spielen, und Cato pflegte beim Glase Wein die drückenden staatlichen Sorgen von sich zu schütteln, und Scipio, der Triumphator und Held, hielt seinen Körper nicht für zu vornehm, um ihn nach dem Takt des Tanzes zu bewegen, nicht mit gesuchter Zierlichkeit, wie es jetzt üblich ist bei den Modehelden, die schon in ihrem Gange eine mehr als weibische Weichlichkeit verraten, sondern nach dem Muster der Männer der alten Zeit, die bei Spiel und Festfeier nach Männerart den Boden zu stampfen pflegten, ohne befürchten zu müssen an Achtung zu verlieren, und hätten sie auch ihre Feinde zu Zuschauern. Der Geist fordert Erholung; hat er sich ausgeruht, so wird er sich umso kräftiger und regsamer erheben. Wie man fruchtbare Äcker schonend behandeln muss – denn zwingt man sie zu unausgesetzter Fruchtbarkeit, so werden sie sich bald erschöpft haben –, so auch den Geist: Unausgesetzte Anstrengung wird seinen Schwung brechen; gönnt man ihm einige Erholung und Ausspannung, dann wird er wieder zu Kräften kommen; beständige Anstrengung hat eine gewisse Abstumpfung und Mattigkeit zur Folge. Woher sollte auch das heftige Verlangen der Menschen nach derartiger Erholung kommen, wenn Spiel und Scherz nicht eine gewisse natürliche Anziehungskraft hätten; allerdings wird das Übermaß der Anwendung dem Geist alle Wucht und alle Kraft rauben. Ist doch auch der Schlaf zur Erholung unentbehrlich; setzest du ihn aber Tag und Nacht fort, so wäre er der Tod. Es ist ein großer Unterschied, ob man etwas mäßigt oder ob man es aufgibt. Die Gesetzgeber haben Feiertage angeordnet, um die Menschen zu gemeinsamer Fröhlichkeit zu nötigen, als gewissermaßen notwendige, weil lindernd wirkende Unterbrechung der schweren Arbeit. Auch große Männer gaben sich, wie gesagt, für gewisse Tage des Monats Ferienurlaub; manche machten es auch so, dass sie jeden Tag zwischen Muße und anstrengender Arbeit teilten. So machte es der große Redner Asinius Pollio, der, wie wir uns erinnern, sich nie über die zehnte Stunde hinaus mit Arbeiten beschäftigte; selbst das Lesen von Briefen unterließ er nach dieser Stunde, um sich nicht neue Sorgen zu schaffen. Aber in jenen zwei Stunden schüttelte er die Müdigkeit des ganzen Tages ab. Manche machen eine Pause in der Mitte des Tages und verschieben leichtere Arbeiten auf die Nachmittagsstunden. Auch unsere Vorfahren verordneten, dass nach der zehnten Stunde kein neuer Antrag im Senate gestellt werden dürfe. Der Soldat hat seine bestimmten Wachtstunden, und für die, welche von einer Unternehmung zurückkehren, fällt der Nachtdienst aus. Man muss mit dem Geist schonend verfahren und muss ihm bisweilen Ruhe gönnen, die ihm Nahrung und Kraft gibt. Auch muss man sich an der freien Luft ergehen, damit die Seele in vollen Zügen die frische

Luft genieße und sich dadurch kräftige und erlabe. Zuweilen tut auch eine Spazierfahrt wohl, eine Reise und Ortsveränderung, Geselligkeit und voller Becher; das frischt den Geist auf. Zuweilen mag es auch bis zu einem Räuschchen kommen, nicht bis zum Untertauchen, aber doch bis zum Eintauchen. Denn der Wein spült die Sorgen weg, greift tief ein ins Gemüt und ist ein Mittel wie gegen manche Krankheiten, so auch gegen den Trübsinn, und der Erfinder des Weines ist Liber genannt worden, nicht wegen der Ungebundenheit der Zunge, sondern weil er die Seele erlöst von der Knechtschaft der Sorgen, sie frei macht, belebt und ihr frischen Mut gibt zu jedem Vorhaben. Doch Mäßigung ist heilsam wie in der Freiheit so auch beim Weine. Solon und Arcesilaus sollen dem Weine gehuldigt haben, und dem Cato hat man Trinklust vorgeworfen. Dieser Vorwurf, von wem er auch herstammen mag, wird eher die Wirkung haben, den betreffenden Fehler zu Ehren zu bringen, als dem Cato Schande zu machen. Doch darf es nicht oft geschehen, damit es nicht zur schlimmen Gewohnheit werde, wenn die Weinlaune sich auch ab und zu einmal bis zur überschäumenden Ungebundenheit steigern mag, um die trübselige Nüchternheit wenigstens auf kurze

Zeit zu verscheuchen. Denn mag nun der griechische Dichter recht haben mit seinem Wort »Zuweilen hat es auch seinen Reiz, ausgelassen zu sein«, oder Platon mit seinem Spruch »Vergebens klopft, wer völlig nüchtern ist, an der Musenpforte an«, oder Aristoteles mit seinem Satz »Kein großer Geist war ohne Beimischung von Tollheit«, es ist nicht anders: Nur der stark erregte Geist vermag etwas überragend Großes auszusprechen. Blickt er verächtlich herab auf das Gewöhnliche und Alltägliche, und erhebt er sich in begeistertem Aufschwung zu größerer Höhe, dann erst künden seine Lippen Größeres als ein sterblicher Mund. Nichts Erhabenes und auf der Höhe Thronendes kann er erreichen, solange er bei sich selbst ist. Losreißen muss er sich von der nüchternen Gewohnheit, sich aufschwingen und in die Zügel knirschen, den Lenker mit sich fortreißen und ihn dahin bringen, wohin er auf eigene Hand sich nie getraut hätte zu gelangen.

Da hast du, teuerster Serenus, was die Ruhe sichern, was sie wiederherstellen und was den sich einschleichenden Fehlern wehren mag. Doch wisse, dass dies alles nicht stark genug ist für die Hüter eines unbeständigen Etwas, wenn nicht angestrengte und beständige Achtsamkeit das wankende Gemüt überwacht.